Das weiß doch jedes Kind!

Das weiß doch jedes Kind!

Der große Schulwissen-Test

für die ganze Familie!

MOEWIG

Originalausgabe: © edel entertainment GmbH, Hamburg
www.moewig.de
www.edel.de

Text und Redaktion: Christiane Grosskopf, Büro für Bildungsmedien, Berlin
Illustrationen: Dorina Teßmann, Berlin

Printed in Germany
ISBN 978-3-86803-174-4

INHALT

EINLEITUNG

Wie viel Schulwissen haben Sie noch parat?

Was wissen Sie eigentlich noch aus der Grundschule? Es dürfte doch kein Problem sein, die Antworten auf die Fragen zu kennen, die in der ersten bis fünften Klasse gestellt werden, meinen Sie?

Testen Sie es doch anhand von elf Schulfächern von Deutsch bis Unser Weltall mit über 280 Wissensfragen. Und wenn Sie sich trauen, dann treten Sie doch gegen Schulkinder an! Aber seien Sie auf Wissenslücken gefasst, denn so leicht ist der Stoff gar nicht, der heute abgefragt wird. Vor allem in den oberen Klassen sind manche Fragen ganz schön kniffelig.

Ob Sie jetzt alleine die Schulbank drücken oder das Quiz mit Schulkindern spielen: Die Regeln sind ganz einfach. Es gibt Fragen aus allen fünf Klassenstufen, die am Rand gekennzeichnet sind. Natürlich sind die Fragen aus der ersten Klasse viel einfacher als die aus der Klassenstufe fünf. Deswegen werden die verschiedenen Antworten auch verschieden gewichtet.

Für eine richtig beantwortete Frage aus der ersten Klasse bekommen Sie einen Punkt, zwei Punkte für eine richtige Antwort aus Klasse zwei usw... und schließlich erhalten Sie fünf Punkte für eine korrekte Lösung aus Klassenstufe fünf.

Viel Spaß und viel Erfolg!

1. KLASSE

1. Was kann ein Vogel nicht?
Ein Vogel kann nicht:

a) singen ○
b) lesen ○
c) fliegen ○

5. KLASSE

2. Welches Wort ist in diesem Satz das Demonstrativpronomen?

Ich hätte gerne diese CD.

a) CD ○
b) gerne ○
c) diese ○

2. KLASSE

3. Wie schreibt man das folgende Wort richtig?

a) unertreglich ○
b) unerträhglich ○
c) unerträglich ○

4. Wann schreibt man im Innern eines Wortes ein ss?

3. KLASSE

a) Wenn davor ein kurz gesprochener Vokal oder Umlaut steht. ◯
b) Wenn danach ein Konsonant steht. ◯
c) Wenn davor ein lang gesprochener Vokal steht. ◯

5. Was kann mein Vater nicht? Mein Vater kann nicht:

1. KLASSE

a) rennen ◯
b) blühen ◯
c) schwimmen ◯

6. Kennst du verschiedene Schreibstile? Der Schreibstil einer Personenbeschreibung ist:

5. KLASSE

a) blumig ◯
b) phantasievoll ◯
c) sachlich und nüchtern ◯

2. KLASSE

7. Einen lang gesprochenen i-Laut schreibt man in der Regel:

a) ie ◯
b) ich ◯
c) ii ◯

5. KLASSE

8. Du kennst Gebrauchsanweisungen. In welcher Zeit stehen sie immer?

a) Präsens ◯
b) Präteritum ◯
c) Perfekt ◯

1. KLASSE

9. Ein anderes Wort für Großvater ist:

a) Opa ◯
b) Omi ◯
c) Oma ◯

10. Wie viele Silben hat das Wort Schokoladentorte?

a) 4 ○
b) 5 ○
c) 6 ○

11. Wie schreibt man das folgende Wort richtig?

a) draussen ○
b) draußen ○
c) drausen ○

12. Wie heißt die Vergangenheit von „ihr kommt“?

a) ihr kommtet ○
b) ihr seid kommen ○
c) ihr kamt ○

4. KLASSE

13. Eigenschaftswörter lassen sich steigern. „So groß wie" heißt die:

a) Vergleichsstufe ◯
b) Grundstufe ◯
c) Höchststufe ◯

2. KLASSE

14. Wie schreibt man dieses Tuwort richtig?

a) schimpft ◯
b) shimft ◯
c) schimbft ◯

3. KLASSE

15. Wie schreibt man diese Redewendung richtig?

a) Mir ist Angst und Bange. ◯
b) Mir ist angst und bange. ◯
c) Mir ist Angst und bange. ◯

1. KLASSE

16. Was machen Frösche? Frösche sitzen am Teich und:

a) quirlen ◯
b) quaken ◯
c) quieken ◯

2. KLASSE

17. Nach welchem Buchstaben oder nach welchen Buchstaben schreibt man immer pf?

a) nach m ◯
b) nach n ◯
c) nach n und nach m ◯

4. KLASSE

18. Du kennst verschiedene Zahlen. Die Zahlen eins, zwei, drei heißen:

a) Ordnungszahlen ◯
b) Grundzahlen ◯
c) Primzahlen ◯

1. KLASSE

19. Wie heißt diese Regel weiter?

Wer nämlich mit h schreibt, ist:

- a) schlau ○
- b) dämlich ○
- c) intelligent ○

2. KLASSE

20. Welche der folgenden Buchstaben und Buchstabenkombinationen sind Umlaute?

- a) ö, ä, ü ○
- b) ei, eu, au ○
- c) a, e, i, o, u ○

2. KLASSE

21. Nach welchem Buchstaben oder nach welchen Buchstaben schreibt man immer f?

- a) nach n ○
- b) nach m ○
- c) nach n und m ○

22. Du kennst schon alle Fälle. Welcher Fall ist der Dativ?

4. KLASSE

a) der erste ○
b) der zweite ○
c) der dritte ○

23. Es gibt einen anderen Ausdruck für das Prädikat. Wie nennt man es noch?

3. KLASSE

a) Satzaussage ○
b) Satzvoraussage ○
c) Satznachsage ○

24. Die Zähne sind für jeden Menschen sehr wichtig. Was brauchen gesunde Zähne nicht?

1. KLASSE

a) Zahnpasta ○
b) Zahnbürste ○
c) Bonbons ○

2. KLASSE

25. Ordne die folgenden Tierbilder nach dem Alphabet.

a) Wildschwein, Pinguin, Eisbär ○
b) Eisbär, Pinguin, Wildschwein ○
c) Pinguin, Eisbär Wildschwein ○

1. KLASSE

26. Was kann eine Schlange nicht? Eine Schlange kann nicht:

a) telefonieren ○
b) zischen ○
c) beißen ○

27. Wie schreibst du das folgende Wort richtig?

a) fleissig ○
b) fleißig ○
c) fleisig ○

3. KLASSE

28. Du kennst schon viele Wortarten. Wie heißt ein Wiewort noch?

a) Eigenschaftswort ○
b) Verb ○
c) Hauptwort ○

2. KLASSE

29. Die zweijährige Lina sagt zu ihrer Mutter: Lina will Lutscher haben.

Welches Wort kann Lina noch nicht verwenden?

a) besitzanzeigendes Fürwort ○
b) persönliches Fürwort ○
c) Eigenschaftswort ○

4. KLASSE

5. KLASSE

30. Zeitformen sind wichtig beim Erzählen. Was ist wichtig beim Nacherzählen?

a) immer Präsens als Erzählform benutzen ○
b) immer Präteritum als Erzählform benutzen ○
c) entweder Präsens oder Präteritum verwenden, aber die gewählte Zeitform durchgängig verwenden ○

3. KLASSE

31. Was hat ein Nomen immer? Ein Nomen hat immer:

a) einen Artikel ○
b) keinen Artikel ○
c) eine Vergangenheit ○

3. KLASSE

32. Normalerweise schreibt man Verben:

a) klein ○
b) groß ○
c) falsch ○

33. Wie schreibt man das folgende Wort richtig?

2. KLASSE

a) Wald ○
b) Walt ○
c) Wahld ○

34. Was kann man mit Personalpronomen machen? Man kann sie:

5. KLASSE

a) deklinieren ○
b) subtrahieren ○
c) konjugieren ○

35. Welches Wort wird im Satz immer großgeschrieben?

4. KLASSE

a) das Verb ○
b) das Adjektiv ○
c) das Substantiv ○

4. KLASSE

36. Wie schreibt man das folgende Wort richtig?

a) Kleeeinsaat ○
b) Kleeinsaat ○
c) Kleeeinsat ○

5. KLASSE

37. Wie heißt die lateinische Bezeichnung für Begleiter/Geschlechtswort?

a) Adverb ○
b) Pronomen ○
c) Artikel ○

4. KLASSE

38. Das Wort „und" wird sehr oft von uns benutzt. Was für ein Wort ist es denn?

a) ein Verhältniswort ○
b) ein Umstandswort ○
c) ein Bindewort ○

3. KLASSE

39. Welches Wort passt in die Lücke?

Plötzlich hörte sie ein ________ Rascheln am Fenster.

a) gelbes ○
b) lautes ○
c) zitternd ○

3. KLASSE

40. Welches der folgenden Adjektive passt zu Blumenstrauß?

a) frech ○
b) mutig ○
c) verwelkt ○

1. KLASSE

41. Wie schreibt man das folgende Wort richtig?

a) stöhrt ○
b) stört ○
c) stöhrd ○

5. KLASSE

42. Kennst du noch einen anderen Ausdruck für die erste Vergangenheit?

a) Präteritum
b) Futur
c) Perfekt

4. KLASSE

43. Was ist der Buchstabe „e"? Der Buchstabe „e" ist:

a) ein Konsonant
b) ein Vokal
c) ein Diphthong

3. KLASSE

44. Was kann ein Geräusch nicht sein?

a) laut
b) schrill
c) salzig

45. Wie schreibst du das folgende Wort richtig? Ein _____ Brot.

a) Laib ○
b) Leib ○
c) Laihb ○

2. KLASSE

46. Du kennst schon alle Fälle. Der 4. Fall heißt auch:

a) Genitiv ○
b) Akkusativ ○
c) Dativ ○

4. KLASSE

47. Ein Bericht ist wichtig für viele Situationen im Leben. Ein Bericht steht immer:

a) im Präsens ○
b) im Präteritum ○
c) im Plusquamperfekt ○

5. KLASSE

ENGLISCH

1. KLASSE

1. Hier siehst du eine Apfelsine. Wie heißt ihre Farbe auf Englisch?

a) red ○
b) green ○
c) orange ○

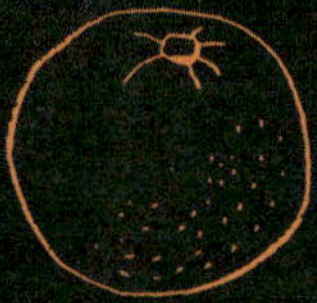

2. KLASSE

2. Ein Schmetterling heißt auf Englisch:

a) caterpillar ○
b) ladybird ○
c) butterfly ○

4. KLASSE

3. Valentine's Day ist der Tag für Verliebte. Wann ist Valentine's Day?

a) am 14. Februar ○
b) am 15. Februar ○
c) am 24. Februar ○

3. KLASSE

4. Das Gegenteil von big ist:

a) bigger ○
b) small ○
c) fat ○

3. KLASSE

5. Der Tag nach dem Sonntag heißt:

a) Friday ○
b) Tuesday ○
c) Monday ○

5. KLASSE

6. Wie heißt in diesem Satz das Subjekt?

My father is working today.

a) My father ○
b) is working ○
c) today ○

2. KLASSE

7. Hier siehst du eine Tierzeichnung. Wie heißt dieses Tier?

a) snail ○
b) spider ○
c) ant ○

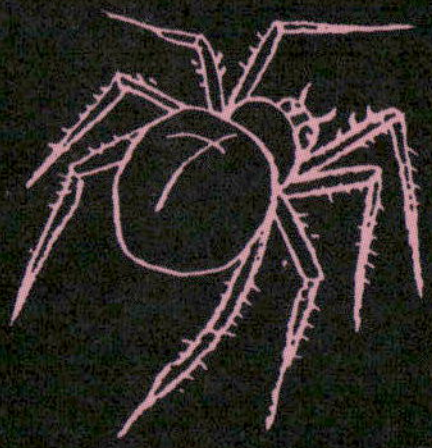

1. KLASSE

8. Was heißt Vater auf Englisch?

a) vather ○
b) vaser ○
c) father ○

4. KLASSE

9. Auf Englisch heißt 4 Uhr 15 auch:

a) four twenty ○
b) a quarter past four ○
c) a quarter to four ○

10. Wie viele Buchstaben hat das englische Wort für Raupe?

a) 9 ○
b) 10 ○
c) 11 ○

5. KLASSE

11. Das englische Wort für Schildkröte ist:

a) guinea pig ○
b) tortoise ○
c) rabbit ○

1. KLASSE

12. Was heißt einladen auf Englisch?

a) to invite ○
b) to divide ○
c) to provide ○

4. KLASSE

1. KLASSE

13. Wie schreibt man Erdbeere richtig auf Englisch?

a) strawberry ○
b) strabeery ○
c) strahbery ○

3. KLASSE

14. Wann bekommen in England und in den USA die Kinder ihre Weihnachtsgeschenke?

a) am 6. Dezember ○
b) am Abend des 24. Dezember ○
c) am Morgen des 25. Dezember ○

2. KLASSE

15. Wenn es kalt wird im Winter, wird der Regen auch in England zu:

a) snail ○
b) snow ○
c) show ○

5\. KLASSE

16. Die Mehrzahl von Messer heißt:

a) knives ◯
b) knifed ◯
c) knifes ◯

3\. KLASSE

17. Wochentage schreibt man auf Englisch:

a) immer klein ◯
b) immer groß ◯
c) nur am Satzanfang groß ◯

4\. KLASSE

18. Wir haben meistens viele Zähne im Mund. Wie heißt die Mehrzahl von Zahn?

a) tooth ◯
b) tooths ◯
c) teeth ◯

1. KLASSE

19. Kennst du dieses Tier? Wie heißt es auf Englisch?

a) rabbit ○
b) guinea pig ○
c) snake ○

3. KLASSE

20. Welcher der folgenden Sätze ist richtig?

a) My trouser is blue. ○
b) My trousers are blue. ○
c) My trousers are blues. ○

2. KLASSE

21. Zum Schwimmen brauchen Jungs und Männer eine Badehose. Wie heißt sie auf Englisch?

a) bath trousers ○
b) swim pants ○
c) swimming trunks ○

22. Um Wasser zu transportieren, brauchen wir einen Eimer. Wie heißt er auf Englisch?

- **a)** budget ○
- **b)** budgie ○
- **c)** bucket ○

2. KLASSE

23. Hier siehst du ein beliebtes Spielgerät. Wie heißt dieses Spielgerät?

- **a)** seaside ○
- **b)** see-saw ○
- **c)** seal ○

4. KLASSE

24. Was heißt die Abkürzung PE auf Deutsch?

a) Sportunterricht O
b) Physik O
c) Pädagogik O

5. KLASSE

25. Welche Kurzantwort ist hier richtig?

The man is eating ice-cream.

a) No, he is. O
b) No, he eats. O
c) No, he isn't. O

5. KLASSE

26. Was tragen die meisten Schüler in Großbritannien in der Schule?

a) Jeans und T-Shirt O
b) eine Uniform O
c) Abendkleidung O

27. Wie geht dieses Weihnachtslied weiter?

Jingle bells! Jingle bells!
Jingle all the way!
Oh what fun it is to ride
in a one-horse open ...

a) sleigh ○
b) may ○
c) way ○

5. KLASSE

28. Die Mehrzahl von Kind heißt auf Englisch:

a) childs ○
b) childer ○
c) children ○

4. KLASSE

29. Wenn ein Mensch lächelt, ist er:

a) happy ○
b) angry ○
c) sad ○

2. KLASSE

3. KLASSE

30. Wie geht der Refrain des Liedes „Head and shoulders" weiter?

a) head and shoulders, knees and mouth ○
b) head and shoulders, knees and feet ○
c) head and shoulders, knees and toes ○

4. KLASSE

31. Welcher der folgenden Begriffe ist kein Gemüse?

a) potato ○
b) cucumber ○
c) orange ○

4. KLASSE

32. Hier ist ein Tier abgebildet. Wie heißt dieses Tier?

a) chimpanzee ○
b) penguin ○
c) dolphin ○

33. Was heißt verrückt auf Englisch?

5. KLASSE

a) amazing ◯
b) spooky ◯
c) crazy ◯

34. Das Zimmer, in dem die Kinder schlafen, ist der:

2. KLASSE

a) living room ◯
b) kitchen ◯
c) children's room ◯

35. Wie heißt das simple past von chose?

5. KLASSE

a) chosed ◯
b) chose ◯
c) chosen ◯

3. KLASSE

36. Die englische Königin wohnt in London. Weißt du genau, wo?

a) im Tower of London ◯
b) im London Eye ◯
c) im Buckingham Palace ◯

2. KLASSE

37. Welche Farbe passt zu dieser Zeichnung?

a) pink ◯
b) orange ◯
c) yellow ◯

5. KLASSE

38. Wo stehen Häufigkeitsadverbien (always, usually, sometimes) gewöhnlich?

a) direkt vor dem Vollverb ◯
b) direkt nach dem Vollverb ◯
c) am Anfang des Satzes ◯

39. Welcher Weihnachtstag wird in England „Boxing Day" genannt?

3. KLASSE

a) 24. Dezember ○
b) 25. Dezember ○
c) 26. Dezember ○

40. Father, mother, sister and brother are:

1. KLASSE

a) a family ○
b) a car ○
c) a rabbit ○

41. Was heißt Stundenplan auf Englisch?

5. KLASSE

a) hour plan ○
b) weekly plan ○
c) timetable ○

4. KLASSE

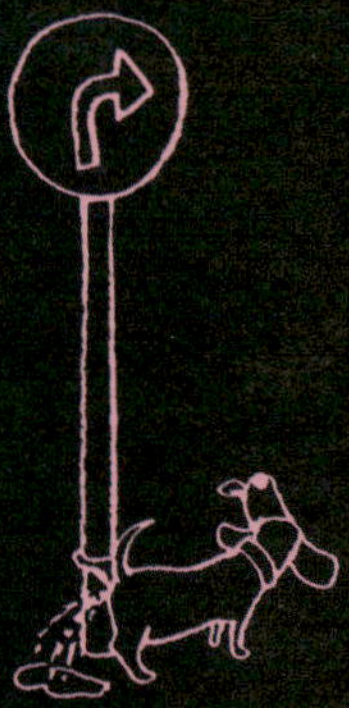

42. Was bedeutet dieses Verkehrsschild?

a) turn right ○
b) go straight on ○
c) turn left ○

5. KLASSE

43. Das United Kingdom besteht aus wie vielen Ländern?

a) 3 ○
b) 4 ○
c) 5 ○

3. KLASSE

44. In England trinken die Menschen viel schwarzen Tee. Mit was trinken sie ihren Tee?

a) milk ○
b) juice ○
c) coke ○

45. Wie antwortest du auf die Frage

„How are you?“

a) I'm fine. ◯

b) I'm good. ◯

c) I'm super. ◯

MATHE - RECHNEN

1. KLASSE

1. Kennst du schon dieses Zeichen? Dieses Zeichen > heißt:

a) größer als ◯
b) kleiner als ◯
c) gleich viel ◯

5. KLASSE

2. Wofür steht der Buchstabe G in der Mengenlehre?

a) für die Menge der geraden Zahlen ◯
b) für die Menge der ungeraden Zahlen ◯
c) für eine leere Menge ◯

2. KLASSE

3. Wie viele Wochen sind 35 Tage?

a) 4 ◯
b) 5 ◯
c) 6 ◯

1. KLASSE

4. Wie viele Augen zeigen die abgebildeten Würfel?

a) 9 ○
b) 10 ○
c) 11 ○

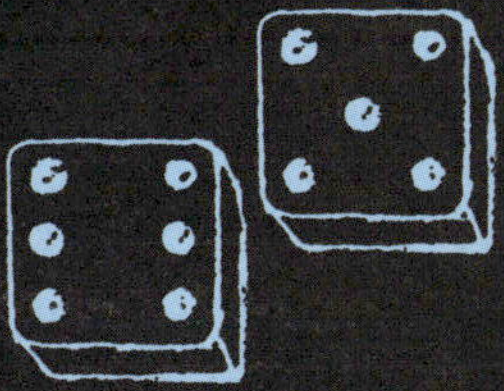

4. KLASSE

5. Was ergibt den Quotienten?

a) Dividend geteilt durch Divisor ○
b) Minuend geteilt durch Subtrahend ○
c) Faktor geteilt durch Faktor ○

3. KLASSE

6. Setze Pluszeichen und Minuszeichen so ein, dass die Rechnung stimmt:

4 ○ 3 ○ 12 ○ 13 ○ 5 = 11

a) + + − + ○
b) + − + − ○
c) + + − − ○

3. KLASSE

7. Wie viele Quadrate siehst du hier auf dieser Zeichnung?

a) 11 ○
b) 12 ○
c) 13 ○

2. KLASSE

8. Wie viel ergibt diese Rechnung?

92 - 73:

a) 19 ○
b) 15 ○
c) 18 ○

5. KLASSE

9. Bei der Multiplikation mit der Zahl Null ist der Wert des Produkts immer:

a) eins ○
b) null ○
c) zwei ○

10. Wie viele Tage sind 3 Jahre und 12 Wochen?

3. KLASSE

- **a)** 1.249 Tage ○
- **b)** 1.179 Tage ○
- **c)** 1.312 Tage ○

11. Welche Zahl hat 9 Zehner und keinen Einer?

2. KLASSE

- **a)** 97 ○
- **b)** 98 ○
- **c)** 90 ○

12. Lara und Marie haben zusammen 16 Äpfel. Lara hat 2 Äpfel mehr als Marie. Wie viele Äpfel hat jedes Mädchen?

2. KLASSE

- **a)** 9 und 7 ○
- **b)** 8 und 8 ○
- **c)** 10 und 6 ○

4. KLASSE

13. Wofür ist ein Maßstab besonders wichtig?

a) für Landkarten und Stadtpläne ○
b) für Division ○
c) für Multiplikation ○

4. KLASSE

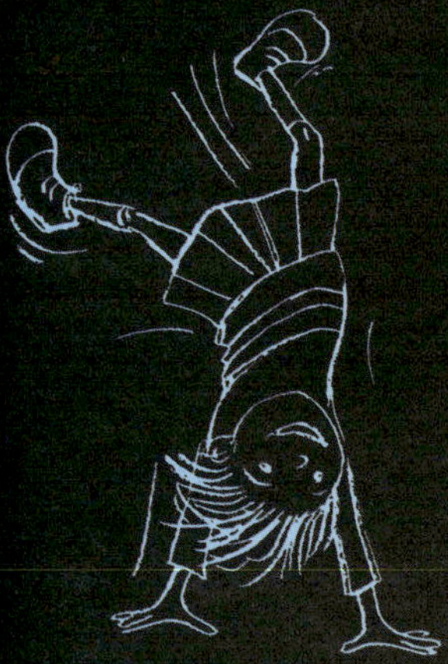

14. Was ist für eine schriftliche Division immer wichtig?

a) ein Überschlag ○
b) ein Purzelbaum ○
c) ein Salto ○

1. KLASSE

15. Dieses Zeichen < heißt:

a) größer als ○
b) kleiner als ○
c) gleich viel ○

1. KLASSE

16. Welche Zahlen kannst du hier einsetzen?

$\square + \square = 14$

a) 7 + 5 ○
b) 7 + 6 ○
c) 7 + 7 ○

2. KLASSE

17. Wie viele Tage reichen 24 Orangen, wenn man 3 pro Tag isst?

a) 5 Tage ○
b) 6 Tage ○
c) 8 Tage ○

5. KLASSE

18. Wie heißt ein Rechenausdruck mit Minuszeichen wie 12 – 5?

a) Minuend ○
b) Differenz ○
c) Subtrahend ○

3. KLASSE

19. Wenn du bei einer Rechenaufgabe teilen musst, bleibt manchmal ein:

a) Rest ○
b) Überhang ○
c) Vorhang ○

4. KLASSE

20. Bei welcher Rechenart darf man die Zahlen nicht vertauschen?

a) Addition ○
b) Subtraktion ○
c) Multiplikation ○

5. KLASSE

21. Setze das richtige Wort ein:

In einer Summe darf ich die ______________ in beliebiger Reihenfolge addieren.

a) Subtrahenden ◯
b) Summe ◯
c) Summanden ◯

UNSER KÖRPER

1. KLASSE

1. Wie viele Finger hat jeder Mensch?

a) 8 ○
b) 9 ○
c) 10 ○

3. KLASSE

2. Wie viele Muskeln brauchen wir zum Lachen?

a) 20 ○
b) 17 ○
c) 15 ○

2. KLASSE

3. Nahrung wird besser verdaut, wenn du sie …

a) schnell isst. ○
b) richtig zerkaust. ○
c) unzerkaut runterschluckst. ○

4. Wie lang ist der Dünndarm bei einem Erwachsenen?

5. KLASSE

a) 3 Meter ○
b) 5 Meter ○
c) 6 Meter ○

5. Welcher Muskel ist ununterbrochen in Bewegung?

3. KLASSE

a) Armmuskel ○
b) Beinmuskel ○
c) Herzmuskel ○

6. Wie viele Liter Blut fließen bei einem Erwachsenen in einer Minute durch das Herz?

4. KLASSE

a) 5 Liter ○
b) 5,5 Liter ○
c) 6 Liter ○

3. KLASSE

7. Was passiert im Magen mit unserer Nahrung?

a) Dem Speisebrei wird Säure zugesetzt. ○
b) Dem Speisebrei werden wertvolle Stoffe entnommen. ○
c) Den unverdauten Resten wird die Flüssigkeit entzogen. ○

3. KLASSE

8. Die Lunge besteht aus vielen Kleinen ...

a) Scheiben ○
b) Kugeln ○
c) Bläschen ○

1. KLASSE

9. Wie viele Milchzähne hat ein Kind?

a) 19 ○
b) 20 ○
c) 21 ○

10. Der Bizeps ist ein:

a) Beugemuskel ○
b) Streckmuskel ○
c) Langmuskel ○

5. KLASSE

11. Was nehmen wir auf, wenn wir atmen?

a) Stickstoff ○
b) Sauerstoff ○
c) Süßstoff ○

4. KLASSE

12. Was sollst du bei Nasenbluten machen?

a) Den Kopf nach hinten legen und kühlen. ○
b) Den Kopf nach vorne beugen und kühlen. ○
c) Einen kalten Schlüsselbund in den Nacken legen. ○

2. KLASSE

1. KLASSE

13. Wenn du deine Zähne lange behalten willst, darfst du Folgendes nicht oft essen:

a) Zucker ○
b) Salz ○
c) Süßstoff ○

2. KLASSE

14. Welche Kleidung hält dich bei Regen trocken?

a) Pullover ○
b) Jeans ○
c) Regenjacke ○

3. KLASSE

15. Kohlenhydrate und Fette geben dem Körper:

a) Energie ○
b) Sauerstoff ○
c) Vitamine ○

16. Wie viele Nieren hat der Mensch?

2. KLASSE

a) 1 ○
b) 2 ○
c) 3 ○

17. Bevor du in die Schule gehst, sollst du …

1. KLASSE

a) nichts trinken. ○
b) fernsehen. ○
c) gut frühstücken. ○

18. Wann kommen Kinder normalerweise in die Pubertät?

4. KLASSE

a) im Alter von 10 bis 12 ○
b) im Alter von 11 bis 13 ○
c) im Alter von 14 bis 16 ○

2. KLASSE

19. Was musst du machen, wenn jemand eine schlimme Verletzung hat?

a) weglaufen ○
b) den Notruf anrufen ○
c) gar nichts ○

5. KLASSE

20. Wie hoch ist die Wahrscheinlichkeit für Raucher, an Lungenkrebs zu erkranken?

a) 2 – 3-mal so groß ○
b) 4 – 6-mal so groß ○
c) 15 – 30-mal so groß ○

2. KLASSE

21. Wenn es hell ist, ist die Pupille des Auges ...

a) eng. ○
b) weit geöffnet. ○
c) nicht sichtbar. ○

22. Unser Körper hat mehr als _____ Muskeln.

a) 480 O
b) 520 O
c) 600 O

3. KLASSE

23. Die Wirbelsäule hat ...

a) eine s-förmige Krümmung. O
b) eine l-förmige Krümmung. O
c) gar keine Krümmung. O

5. KLASSE

24. Welcher Knochen ist der größte in unserem Körper?

a) Oberschenkelknochen O
b) Schienbeinknochen O
c) Fußknochen O

4. KLASSE

3. KLASSE

25. Wenn es brennt, sollst du das Feuer nie selbst löschen, weil du dich dabei verletzen kannst. Du sollst die Notrufnummer der Feuerwehr anrufen. Wie heißt die Nummer?

a) 111 ○
b) 112 ○
c) 110 ○

5. KLASSE

26. Aus was besteht unser Schultergürtel?

a) aus den Oberarmen und den Schulterblättern ○
b) aus den beiden Schulterblättern und den Schlüsselbeinen ○
c) aus den Schlüsselbeinen ○

1. KLASSE

27. Jeder Mensch hat eine Nase. Was kannst du mit ihr machen?

a) hören ○
b) sehen ○
c) riechen ○

2. KLASSE

28. Um zu hören, braucht jeder Mensch in seinem Ohr ein intaktes ...

a) Flötenfell. ○
b) Trommelfell. ○
c) Klavierfell. ○

1. KLASSE

1. Wie geht der folgende Liedtext weiter?

Spannenlanger Hansel,

____

a) pfennigdicker Zwirn ◯
b) nudeldicke Dirn ◯
c) schütteln wir die Birn' ◯

4. KLASSE

2. Kennst du den Begriff crescendo? Was bedeutet er?

a) lauter werden ◯
b) leiser werden ◯
c) laut ◯

2. KLASSE

3. Wie viele Zeilen hat eine Notenlinie?

a) 4 ◯
b) 5 ◯
c) 6 ◯

4. Die Zauberflöte von Wolfgang Amadeus Mozart ist:

3. KLASSE

a) eine Oper ○
b) ein Ballett ○
c) ein Trauerspiel ○

5. Wie viele Saiten hat eine Gitarre?

1. KLASSE

a) 5 ○
b) 6 ○
c) 7 ○

6. In der Oper werden oft Arien gesungen. Was ist eine Arie?

4. KLASSE

a) ein Duett ○
b) ein Chorsingen ○
c) ein Sologesang ○

3. KLASSE

7. In welchem Land benutzt man Kastagnetten?

a) Frankreich ○
b) England ○
c) Spanien ○

5. KLASSE

8. Die Kantate „Der Schulmeister" ist von:

a) Georg Philipp Telemann ○
b) Georg Friedrich Händel ○
c) Franz Schubert ○

4. KLASSE

9. Wer schrieb die Melodie für die deutsche Nationalhymne?

a) Joseph Haydn ○
b) Heinrich Hoffmann von Fallersleben ○
c) Wolfgang Amadeus Mozart ○

10. Wie geht das folgende Lied weiter?

Bruder Jakob, Bruder Jakob,
schläfst du noch?
Schläfst du noch?
Hörst du nicht ____________?

a) die Socken ○
b) die Glocken ○
c) die Flocken ○

11. Was ist ein wichtiges Gestaltungsmittel in der Musik?

a) Kontraste ○
b) Kontrakte ○
c) Konfetti ○

4. KLASSE

12. Welches der folgenden Instrumente ist kein Streichinstrument?

a) Violoncello ◯
b) Kontrabass ◯
c) Trompete ◯

1. KLASSE

13. Welche Noten gibt es nicht?

a) Viertelnoten ◯
b) Achtelnoten ◯
c) Drittelnoten ◯

3. KLASSE

14. Wie heißt ein Tanz aus dem 17. Jahrhundert?

a) Menuett ◯
b) Walzer ◯
c) Disco Fox ◯

15. Ein Sinfonieorchester hat bis zu __________ Musiker.

5. KLASSE

a) 250 ○
b) 150 ○
c) 50 ○

16. Welches Instrument ist die Blockflöte?

2. KLASSE

a) Streichinstrument ○
b) Zupfinstrument ○
c) Blasinstrument ○

17. Was bedeutet der in der Musik häufig verwandte Begriff piano?

3. KLASSE

a) laut ○
b) leise ○
c) mittelstark ○

5. KLASSE

18. Beim Cembalo werden die Saiten:

a) gestrichen O
b) angeschlagen O
c) angezupft O

4. KLASSE

19. Ein Dudelsack kommt aus:

a) England O
b) Irland O
c) Schottland O

1. KLASSE

20. Wie heißt dieses Instrument?

a) Flöte O
b) Triangel O
c) Xylophon O

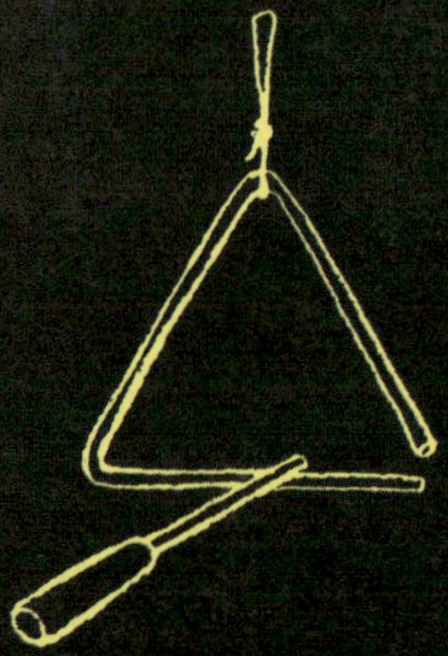

21. Der Nussknacker ist von:

3. KLASSE

a) Tschaikowski ○
b) Beethoven ○
c) Mozart ○

22. Wie viele Saiten hat eine Bassgitarre?

5. KLASSE

a) 3 ○
b) 4 ○
c) 5 ○

23. Welcher Musiker war am Ende seines Lebens taub?

4. KLASSE

a) Mozart ○
b) Schubert ○
c) Beethoven ○

3. KLASSE

24. Wo wurde Johann Sebastian Bach geboren?

a) in Dresden ○
b) in Jena ○
c) in Eisenach ○

4. KLASSE

25. Was ist Papageno aus der Zauberflöte von Beruf?

a) Tierdompteur ○
b) Vogelfänger ○
c) Clown ○

5. KLASSE

26. Wie ist die Besetzung eines Streichquartetts?

a) 3 Violinen, 2 Bratschen, 1 Cello ○
b) 2 Violinen, 1 Bratsche, 1 Cello ○
c) 2 Violinen, 1 Bratsche, 1 Kontrabass ○

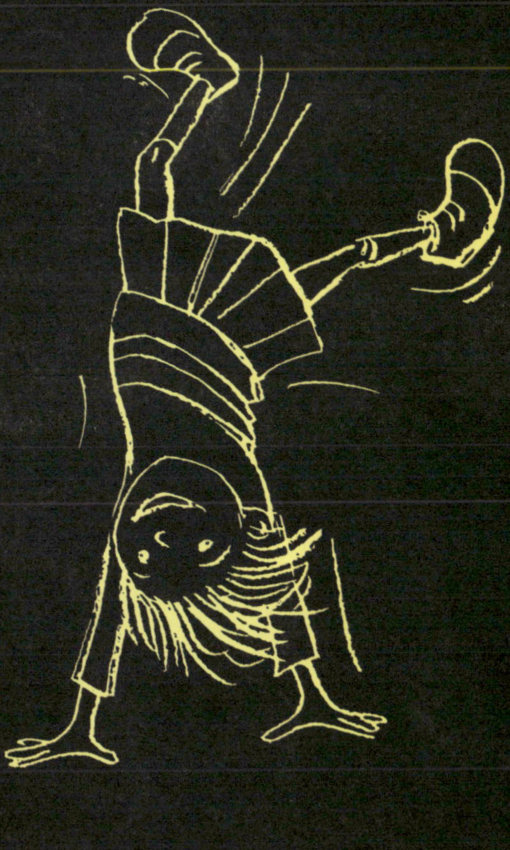

1. KLASSE

1. Wie heißt der Mann, der seine Familie und viele Tiere auf eine Arche gebracht hat?

a) Nils ○
b) Noah ○
c) Norbert ○

5. KLASSE

2. Gegen wen kämpfte der Israelit David und gewann?

a) Golo ○
b) Goliath ○
c) Gerald ○

3. KLASSE

3. In welcher Stadt wurde Mohammed geboren?

a) Mekka ○
b) Istanbul ○
c) Damaskus ○

4. Aus welchem Land kam Jesus?

a) Israel ○
b) Jordanien ○
c) Syrien ○

5. Was versteht man unter dem Begriff Ökumene?

a) Evangelische Christen feiern unter sich. ○
b) Evangelische und katholische Christen feiern zusammen. ○
c) Katholische Christen feiern unter sich. ○

6. Welcher Papst kam aus Polen?

a) Johannes Paul I. ○
b) Johannes Paul II. ○
c) Benedikt XVI. ○

1. KLASSE

7. Wo kam Jesus zur Welt?

a) auf einem Schiff ○
b) in einer Kutsche ○
c) in einem Stall ○

3. KLASSE

8. Symbol des Judentums ist der Menora-Leuchter. Wie viele Arme hat er?

a) 6 ○
b) 7 ○
c) 8 ○

1. KLASSE

9. Woher kommen die Heiligen Drei Könige?

a) aus dem Morgenland ○
b) aus dem Abendland ○
c) aus Australien ○

10. Wie viele Weltreligionen gibt es?

5. KLASSE

- **a)** 5
- **b)** 6
- **c)** 7

11. Wo ist Jesus gestorben?

1. KLASSE

- **a)** am Kreuz
- **b)** im Gefängnis
- **c)** in der Wüste

12. Wofür steht die Abkürzung A.T.?

2. KLASSE

- **a)** Apostel Treffen
- **b)** Acht Traditionen
- **c)** Altes Testament

5. KLASSE

13. Wann wird das Erntedankfest gefeiert?

a) am ersten Sonntag nach dem Michaelistag (29.09.) ◯
b) 4 Wochen vor Weihnachten ◯
c) in den Herbstferien ◯

4. KLASSE

14. In welchem Alter geht ein evangelischer Christ zur Konfirmation?

a) mit 14 ◯
b) mit 15 ◯
c) mit 16 ◯

2. KLASSE

15. Der Karfreitag ist der Freitag ...

a) vor Ostern. ◯
b) vor Pfingsten. ◯
c) vor Nikolaus. ◯

5. KLASSE

16. Wo fand das letzte Abendmahl statt?

a) Garten Gethsemane ◯
b) See Genezareth ◯
c) Bethlehem ◯

1. KLASSE

17. Der Geburtstag von Jesus ist der:

a) 22. Dezember ◯
b) 23. Dezember ◯
c) 24. Dezember ◯

2. KLASSE

18. Wie heißt der Heilige, der seinen Mantel mit einem Bettler geteilt hat?

a) St. Valentin ◯
b) St. Martin ◯
c) St. Michael ◯

4. KLASSE

19. Fronleichnam ist ein ______________ Feiertag.

a) katholischer O
b) evangelischer O
c) buddhistischer O

5. KLASSE

20. Wie viele Evangelien hat das Neue Testament?

a) 3 O
b) 4 O
c) 5 O

3. KLASSE

21. Wie oft muss ein Muslim täglich beten?

a) 3-mal O
b) 4-mal O
c) 5-mal O

2. KLASSE

22. Eine kleine Kirche ist:

a) eine Kapelle ○
b) ein Kaplan ○
c) ein Kardinal ○

5. KLASSE

23. Wo ist die Geburtsstätte Jesu?

a) in Rom ○
b) in Jerusalem ○
c) in Bethlehem ○

1. KLASSE

24. Wann feiern die Christen den Tag des Herrn?

a) am Samstag ○
b) am Sonntag ○
c) am Freitag ○

HEIMATKUNDE

1. KLASSE

1. Wie heißt die Hauptstadt der Bundesrepublik Deutschland?

a) Köln ○
b) Berlin ○
c) Hamburg ○

1. KLASSE

2. Auf einem Bauernhof leben viele Tiere. Ein Bauernhof befindet sich meistens ...

a) in der Stadt. ○
b) auf der Autobahn. ○
c) auf dem Land. ○

3. KLASSE

3. Wie viele Bundesländer hat Deutschland?

a) 14 ○
b) 15 ○
c) 16 ○

1. KLASSE

4. Du kennst schon viele Obstsorten. Welches Obst wächst nicht in Deutschland?

a) Bananen ○
b) Kirschen ○
c) Erdbeeren ○

3. KLASSE

5. In welchen Fluss fließt der Main?

a) in den Rhein ○
b) in die Donau ○
c) in die Mosel ○

4. KLASSE

6. Hier siehst du ein Wappen eines deutschen Bundeslandes. Zu welchem Bundesland gehört es?

a) Berlin ○
b) Hamburg ○
c) Bremen ○

2. KLASSE

7. Wie heißt ein großer Fluss in Deutschland?

a) Rhein ○
b) Sauber ○
c) Blank ○

4. KLASSE

8. Mit wie vielen Nachbarländern hat Deutschland eine Grenze?

a) 9 ○
b) 10 ○
c) 11 ○

2. KLASSE

9. Wenn du mit deinen Eltern im Auto fährst, musst du dich immer ...

a) schlecht benehmen. ○
b) anschnallen. ○
c) aus dem Fenster lehnen. ○

10. Wie viele Mitgliedsländer hat die Europäische Union?

a) 25 ○
b) 26 ○
c) 27 ○

4. KLASSE

11. Was gibt es meistens in der Mitte eines Dorfes?

a) einen Dorfplatz ○
b) einen Misthaufen ○
c) einen Hühnerstall ○

2. KLASSE

12. Welche Frucht wächst nicht auf einem Baum, sondern an einem Strauch?

a) Apfel ○
b) Kirsche ○
c) Johannisbeere ○

1. KLASSE

5. KLASSE

13. Wie viele Amts- und Arbeitssprachen hat die Europäische Union (EU)?

a) 23 ○
b) 24 ○
c) 25 ○

2. KLASSE

14. Wo liegt das Land Deutschland? Es liegt in ...

a) Europa. ○
b) Kanada. ○
c) Asien. ○

4. KLASSE

15. Wie heißt die Hauptstadt von Baden-Württemberg?

a) Stuttgart ○
b) Freiburg ○
c) Ravensburg ○

16. Wie viele Bundesländer gibt es, bei denen das Land gleichzeitig auch eine Stadt ist?

a) 1 ○
b) 2 ○
c) 3 ○

5. KLASSE

17. Wie heißt die Hauptstadt von Mecklenburg-Vorpommern?

a) Erfurt ○
b) Magdeburg ○
c) Schwerin ○

3. KLASSE

18. Welches der folgenden Gebirge ist ein Mittelgebirge?

a) Alpen ○
b) Spessart ○
c) Anden ○

4. KLASSE

DEUTSCH - LESEN

3. KLASSE

1. Wie heißt die Tante von Tom Sawyer in dem Buch

„Tom Sawyers Abenteuer"?

a) Tante Molly ○
b) Tante Polly ○
c) Tante Dolly ○

1. KLASSE

2. Mit wie vielen Zwergen lebt Schneewittchen zusammen?

a) mit 6 ○
b) mit 7 ○
c) mit 8 ○

3. KLASSE

3. Wie heißt der Vater von Ronja Räubertochter?

a) Matthias ○
b) Matze ○
c) Mattis ○

4. Wo lebt der kleine Hobbit?

a) in einer Höhle ○
b) auf dem Baum ○
c) im Wasser ○

5. Pippi Langstrumpf wohnt ganz alleine. Wo wohnt sie denn?

a) im Haus Immergrün ○
b) im Schloss Schneeweiß ○
c) in der Villa Kunterbunt ○

6. Was ist Lilly in dem Buch „Lilly und Flosse"?

a) ein Fisch ○
b) eine Nixe ○
c) ein Krokodil ○

5. KLASSE

7. Wie heißt der Buchtitel vollständig?

Als Hitler das ______ Kaninchen stahl

a) grüne ○
b) blaue ○
c) rosa ○

2. KLASSE

8. Wie heißt der folgende Pippi-Langstrumpf-Buchtitel richtig?

a) Pippi im Tiki-Taka-Land ○
b) Pippi im Tuka-Taka-Land ○
c) Pippi im Taka-Tuka-Land ○

4. KLASSE

9. Wer transportiert in den Harry-Potter-Romanen die Post?

a) ein Postbote ○
b) eine Eule ○
c) ein Geist ○

10. Wie ist der richtige Name von Pünktchen im Roman „Pünktchen und Anton"?

3. KLASSE

a) Luise ◯
b) Lara ◯
c) Lisa ◯

11. Was ist der Vater von Meggie in „Tintenherz" von Beruf?

4. KLASSE

a) Buchbinder ◯
b) Schreiner ◯
c) Rechtsanwalt ◯

12. Wer schrieb die Buchreihe „Hanni und Nanni"?

4. KLASSE

a) Enid Blyton ◯
b) J. K. Rowling ◯
c) Agatha Christie ◯

2. KLASSE

13. Das „Kleine Gespenst“ schläft an einem besonderen Ort. Wo schläft das „Kleine Gespenst“?

a) in einem Sarg ○
b) in einer Truhe aus Eichenholz ○
c) in einem Briefkasten ○

3. KLASSE

14. Wie heißt eine berühmte Krimibuchserie für Kinder?

a) Die drei ??? ○
b) Die drei !!! ○
c) Die drei %%% ○

2. KLASSE

15. Die „Kleine Hexe“ hat einen Freund. Was ist der Freund der „Kleinen Hexe“ für ein Tier?

a) Rabe ○
b) Tiger ○
c) Löwe ○

2. KLASSE

16. Wer schrieb die Märchengeschichte „Die Geschichte vom kleinen Muck"?

a) Wilhelm Hauff ◯
b) H. C. Andersen ◯
c) Gebrüder Grimm ◯

1. KLASSE

17. „Die Bremer Stadtmusikanten" aus dem bekannten Märchen sind eine Gruppe von Tieren. Welche Tiere sind es?

a) Esel, Hund, Katze, Hahn ◯
b) Pferd, Katze, Meerschweinchen, Hamster ◯
c) Kuh, Schwein, Esel, Ratte ◯

3. KLASSE

18. Wie heißen in den Harry-Potter-Romanen die normalen Menschen?

a) Muffins ◯
b) Muggels ◯
c) Mampfer ◯

3. KLASSE

19. Zu welchem Haus gehört Harry Potter in seiner Schule?

a) Gryffindor ○
b) Slytherin ○
c) Ravenclaw ○

5. KLASSE

20. Auf welchem Bahnhof in London ist das Gleis 9 ¾ aus den Harry-Potter-Romanen?

a) Baker Street ○
b) Kings Cross ○
c) Paddington ○

2. KLASSE

21. An was verschluckte sich Schneewittchen, bevor sie in ihren langen Schlaf fiel?

a) an einem Apfel ○
b) an einem Stück Fleisch ○
c) an einer Fischgräte ○

22. Wie geht der Spruch in dem Märchen weiter?

Ach wie gut,
dass niemand weiß,
dass ich ...

a) Schneewittchen heiß. ○
b) Rumpelstilzchen heiß. ○
c) Dornröschen heiß. ○

MATHE - TEXTAUFGABEN

1. KLASSE

1. Greta hat zwei Hamster und ihr Bruder hat drei Meerschweinchen. Wie viele Tiere haben die beiden zusammen?

a) 3 ◯
b) 4 ◯
c) 5 ◯

5. KLASSE

2. Ein Händler kann von einer Lieferung Kirschen am ersten Tag 40 Kilo zu 2,98 Euro je 500 g und am nächsten Tag 20 Kilo zu 2,48 Euro je 500 g verkaufen, 10 Kilo verderben. Wie hoch war sein Gewinn, wenn 1 kg Kirschen 2,30 Euro gekostet hat und seine Geschäftskosten 35 Euro betragen?

a) 123,50 Euro ◯
b) 141,60 Euro ◯
c) 179,70 Euro ◯

3. Frau Kunzes Auto wird in der Werkstatt repariert. Der Mechaniker arbeitet 2 h. Die Ersatzteile kosten 178,43 Euro. Das Motoröl kostet pro Liter 29,73 Euro, der Mechaniker verbraucht 4 l. Die Arbeitszeit wird mit 34,70 Euro je Stunde berechnet. Welchen Schein braucht Frau Kunze zum Bezahlen der Rechnung?

4. KLASSE

a) 100-Euro-Schein ○
b) 200-Euro-Schein ○
c) 500-Euro-Schein ○

4. Paul und Lisa sind Geschwister. Paul hat drei Brüder und eine Schwester. Lisa hat vier Brüder und keine Schwester. Geht das? Wie viele Geschwister sind es?

2. KLASSE

a) 3 Geschwister ○
b) 4 Geschwister ○
c) 5 Geschwister ○

2. KLASSE

5. Sam hat 15 Äpfel.
Anna hat 7 Bananen.
Wie viel haben die
beiden zusammen?

a) 22 ○
b) 23 ○
c) 24 ○

4. KLASSE

6. Ein Weinbauer in Baden hat in diesem Jahr 119.450 Liter Rotwein hergestellt. 63.740 Liter liefert er an eine Supermarktkette. 3.800 Liter gehen an ein großes Hotel. Wie viele Liter Wein kann er dann noch nach Schweden verkaufen?

a) 49.400 ○
b) 50.910 ○
c) 51.910 ○

2. KLASSE

7. Marie-Luise hat auf ihrem Sparbuch 290 Euro. Sie zahlt 135 Euro dazu. Wie ist jetzt der Kontostand?

a) 420 Euro ○
b) 425 Euro ○
c) 430 Euro ○

3. KLASSE

8. Der Zirkus, der in der Stadt ist, baut sein Zirkuszelt ab. Alle 48 Zeltstangen werden gleichmäßig in drei Hüllen verpackt. Wie viele Stangen kommen jeweils in eine Hülle?

a) 15 ○
b) 16 ○
c) 17 ○

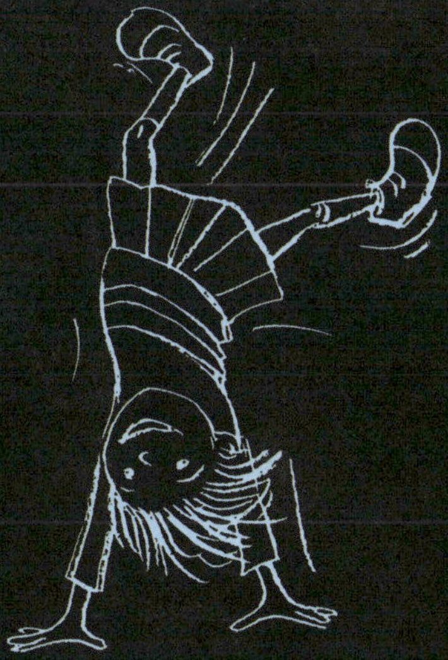

3. KLASSE

9. Herr Meier kauft ein Fahrrad für 349 Euro, einen Helm für 58 Euro und einen Regenponcho für 39 Euro. Wie viel muss er insgesamt zahlen?

a) 416 Euro ○
b) 426 Euro ○
c) 446 Euro ○

2. KLASSE

10. Frau Müller hat für die wöchentlichen Ausgaben 325 Euro zur Verfügung. Sie hat schon 173 Euro ausgegeben. Wie viel Geld steht ihr noch zur Verfügung?

a) 150 Euro ○
b) 149 Euro ○
c) 152 Euro ○

1. KLASSE

11. Fritz hat zwei Buntstifte. Franz hat drei Buntstifte. Wie viel haben beide zusammen?

a) 3 ○
b) 4 ○
c) 5 ○

3. KLASSE

12. Die Pestalozzi-Grundschule hat 6 Klassen. In denen befinden sich 24, 26, 32, 34, 22 und 25 Kinder. Wie viele Schüler hat die Schule insgesamt?

a) 163 ○
b) 164 ○
c) 165 ○

3. KLASSE

13. Diese Zahl plus die Hälfte dieser Zahl ist um 3 kleiner als das Doppelte dieser Zahl.

Welche Zahl ist das?

a) 5 ○
b) 6 ○
c) 7 ○

5. KLASSE

14. Frau Schnell tankt den 75-Liter-Tank ihres Autos voll und bezahlt dafür 93,80 Euro.

An der Tankstelle kostet 1 Liter Benzin 1,34 Euro. Wie viel Benzin hatte sie vor dem Auftanken noch im Tank?

a) 5 Liter ○
b) 6 Liter ○
c) 7 Liter ○

15. Annis Vater ist 9-mal so alt wie Anni. In einem Jahr ist er nur noch 7-mal so alt wie sie. Wie alt sind die beiden?

a) Anni ist 5 Jahre alt, ihr Vater 25 Jahre alt. ○

b) Anni ist 3 Jahre alt, ihr Vater 27 Jahre alt. ○

c) Anni ist 4 Jahre alt, ihr Vater 26 Jahre alt. ○

16. Der erste Ferientag ist der 21. Juli. Am 14. September muss Lukas wieder in die Schule. Wie viele Tage hat er Sommerferien?

a) 55 ○

b) 56 ○

c) 57 ○

3. KLASSE

17. Suses Mutter will 100 Fliesen für die Küche kaufen. Überschlage, welches Angebot am günstigsten ist:

1. Baumarkt Schnell:
   10 Fliesen kosten 7,90 Euro.

2. Fliesenmarkt Grau:
   21,45 Euro für 25 Fliesen

3. Superfliese:
   Fliesenpaket (50 St.):
   36,29 Euro

a) Angebot 1 ○
b) Angebot 2 ○
c) Angebot 3 ○

18. Ein Satellit umrundet die Erde einmal in 90 Minuten. Wie viele Umrundungen macht er an einem Tag?

- **a)** 15 ○
- **b)** 16 ○
- **c)** 17 ○

TIERE

1. Wie viele Beine hat eine Ameise?

1. KLASSE

a) vier ○
b) sechs ○
c) acht ○

2. Ein Kaninchen bekommt öfters Junge. Wie oft wirft ein Kaninchen im Jahr Junge?

2. KLASSE

a) 3- bis 4-mal ○
b) 5- bis 6-mal ○
c) 7- bis 8-mal ○

3. Wann verlassen Eichhörnchenjunge das Nest?

3. KLASSE

a) nach 6 Wochen ○
b) nach 7 Wochen ○
c) nach 8 Wochen ○

4. Wie heißt der Storch in Fabeln?

a) Adalbert ○
b) Adebar ○
c) Aladin ○

1. KLASSE

5. Zu welcher Art von Tieren gehören Kaninchen? Kaninchen gehören zu den:

a) Nestflüchtern ○
b) Nesthockern ○
c) Nestschwärmern ○

2. KLASSE

6. Zu welcher Tierart gehört das Rind? Es ist ein:

a) Allesfresser ○
b) Pflanzenfresser ○
c) Fleischfresser ○

3. KLASSE

3. KLASSE

7. Nach wie vielen Tagen können sich die jungen Weibchen der Feldmaus fortpflanzen?

a) nach 9 Tagen ○
b) nach 13 Tagen ○
c) nach 20 Tagen ○

1. KLASSE

8. Kaninchen haben direkt nach der Geburt …

a) kein Fell und sind blind. ○
b) Fell und sind nicht blind. ○
c) kein Fell und sind nicht blind. ○

3. KLASSE

9. Wie viele Ferkel gebiert ein Hausschwein?

a) 2-mal jährlich 6–12 Ferkel ○
b) 1-mal jährlich 4–8 Ferkel ○
c) 3-mal jährlich 2–4 Ferkel ○

10. Wann bringt das Eichhörnchenweibchen seine Jungen zur Welt?

3. KLASSE

a) im März ◯
b) im April ◯
c) im Mai ◯

11. Welche Menschenaffenart hat die Forscherin Jane Goodall jahrelang beobachtet?

5. KLASSE

a) Gorillas ◯
b) Schimpansen ◯
c) Orang-Utans ◯

12. Was ist eine Katze nicht?

3. KLASSE

a) ein Schleichjäger ◯
b) ein Zehengänger ◯
c) ein Hetzjäger ◯

3. KLASSE

13. **Wer ist der natürliche Feind der Erdkröte?**

a) Feldmaus ○
b) Igel ○
c) Eule ○

4. KLASSE

14. **Wie heißt das Weibchen des Wildschweins?**

a) Ferkel ○
b) Bache ○
c) Keiler ○

5. KLASSE

15. **Wie heißen Tiere, die keine Wirbelsäule besitzen?**

a) Wirbellose ○
b) Rubbellose ○
c) Virtuose ○

16. Wie heißt dieser Vogel?

a) Rotkehlchen ○
b) Grünfink ○
c) Wiedehopf ○

17. Wo bringt die Feldmaus ihre Jungen zur Welt?

a) in einem Nest in einem Baum ○
b) auf dem Feld ○
c) in einem Nest unter der Erde ○

18. Welche Rufe stößt eine Fledermaus aus, wenn sie nachts auf Beuteflug ist?

a) Ultraschallrufe ○
b) Elektrorufe ○
c) Brunftrufe ○

UNSER WELTALL

2. KLASSE

1. Wie oft dreht sich die Erde um die eigene Achse?

a) ein Mal am Tag ○
b) ein Mal im Monat ○
c) ein Mal im Jahr ○

3. KLASSE

2. Wie hieß der erste Mann, der den Mond betrat?

a) Neil Armstrong ○
b) Louis Armstrong ○
c) Mike Armstrong ○

5. KLASSE

3. Was besitzen die beiden Planeten Saturn und Jupiter?

a) Kettensysteme ○
b) Ringsysteme ○
c) Spiralsysteme ○

4. Wie viele Planeten gibt es?

1. KLASSE

a) 6 ○
b) 7 ○
c) 8 ○

5. Wie viele Sternbilder gibt es?

1. KLASSE

a) 11 ○
b) 12 ○
c) 13 ○

6. Wie oft dreht sich die Erde um die Sonne?

2. KLASSE

a) ein Mal am Tag ○
b) ein Mal im Monat ○
c) ein Mal im Jahr ○

2. KLASSE

7. Welcher Planet ist der größte?

a) Mars ○
b) Jupiter ○
c) Merkur ○

5. KLASSE

8. Wie lange braucht ein Lichtstrahl, um von der Sonne zum Planeten Jupiter zu gelangen?

a) 11,87 Erdtage ○
b) 33 Erdtage ○
c) 2 Erdtage ○

3. KLASSE

9. Wie wird der Mars noch genannt?

a) der Blaue Planet ○
b) der Rote Planet ○
c) der grüne Planet ○

2. KLASSE

10. Wie wird die Erde sonst noch genannt?

a) der Blaue Planet ○
b) der Rote Planet ○
c) der grüne Planet ○

5. KLASSE

11. Wann lebte der Astronom Johannes Kepler?

a) 1571 – 1630 ○
b) 1782 – 1849 ○
c) 1904 – 1956 ○

3. KLASSE

12. Welcher Planet ist am weitesten von der Sonne entfernt?

a) Saturn ○
b) Uranus ○
c) Neptun ○

4. KLASSE

13. Was für eine Art von Galaxie ist die Milchstraße?

a) eine Spiralgalaxie ○
b) eine Balkenspiralgalaxie ○
c) eine elliptische Galaxie ○

2. KLASSE

14. Welches der folgenden Wörter ist kein Sternbild?

a) Krebs ○
b) Skorpion ○
c) Languste ○

4. KLASSE

15. Wie viele Milliarden Sterne enthält die Milchstraße?

a) ca. 50 Milliarden ○
b) ca. 70 Milliarden ○
c) ca. 100 Milliarden ○

16. Kennst du einen anderen Begriff für „Weltall"?

a) Universität ◯
b) Universum ◯
c) Unikum ◯

17. Wie weit ist die Erde von der Sonne entfernt?

a) 120 Millionen km ◯
b) 150 Millionen km ◯
c) 160 Millionen km ◯

18. Wie groß ist der Durchmesser der Sonne?

a) 1.392.000 km ◯
b) 450.000 km ◯
c) 2.159.000 km ◯

LÖSUNGEN

DEUTSCH - SPRACHE

1b) Ein Vogel kann nicht lesen.

2c) Das Demonstrativpronomen in diesem Satz ist diese.

3c) Richtig geschrieben heißt das Wort unerträglich.

4a) Man schreibt im Innern eines Wortes ein ss, wenn davor ein kurz gesprochener Vokal oder Umlaut steht.

5b) Mein Vater kann nicht blühen.

6c) Der Schreibstil einer Personenbeschreibung ist sachlich und nüchtern.

7a) Einen lang gesprochenen i-Laut schreibt man in der Regel ie.

8a) Gebrauchsanweisungen werden im Präsens geschrieben.

9a) Ein anderes Wort für Großvater ist Opa.

10c) Das Wort Schokoladentorte hat 6 Silben.

11b) Das Wort heißt richtig geschrieben draußen.

12c) Die Vergangenheit von „ihr kommt" heißt „ihr kamt".

13b) „So groß wie" heißt die Grundstufe.

14a) Dieses Tuwort heißt richtig geschrieben schimpft.

15b) Diese Redewendung heißt richtig geschrieben:
Mir ist angst und bange.

16b) Frösche sitzen am Teich und quaken.

17a) „pf" schreibt man immer nach m.

18b) Diese Zahlen heißen Grundzahlen.

19b) Diese Regel heißt:
Wer nämlich mit h schreibt, ist dämlich.

20a) Die Buchstaben ö, ä, ü sind Umlaute.

21a) Nach n schreibt man immer f.

22c) Der Dativ ist der dritte Fall.

23a) Das Prädikat wird auch Satzaussage genannt.

24c) Gesunde Zähne brauchen keine Bonbons.

25b) Die richtige alphabetische Reihenfolge ist Eisbär, Pinguin, Wildschwein.

26a) Eine Schlange kann nicht telefonieren.

27b) Das Wort heißt richtig geschrieben fleißig.

28a) Ein Wiewort wird auch Eigenschaftswort genannt.

29b) Lina kann das persönliche Fürwort noch nicht verwenden.

30c) Beim Nacherzählen verwendet man entweder Präsens oder Präteritum, aber die gewählte Zeitform durchgängig.

31a) Ein Nomen hat immer einen Artikel.

32a) Normalerweise schreibt man Verben klein.

33a) Das Wort heißt richtig geschrieben Wald.

34a) Personalpronomen kann man deklinieren.

35c) Das Substantiv wird im Satz immer großgeschrieben.

36a) Das Wort heißt richtig geschrieben Kleeeinsaat.

37c) Die lateinische Bezeichnung für Begleiter/Geschlechtswort heißt Artikel.

38c) Das Wort „und" ist ein Bindewort.

39b) Plötzlich hörte sie ein lautes Rascheln am Fenster.

40c) Zu Blumenstrauß passt das Adjektiv verwelkt.

41b) Das Wort heißt richtig geschrieben stört.

42a) Die erste Vergangenheit heißt auch Präteritum.

43b) Der Buchstabe „e" ist ein Vokal.

44c) Ein Geräusch kann nicht salzig sein.

45a) Es muss richtig heißen: Ein Laib Brot.

46b) Der 4. Fall heißt auch Akkusativ.

47b) Ein Bericht steht immer im Präteritum.

ENGLISCH

1c) Die Farbe der Apfelsine heißt auf Englisch orange.

2c) Ein Schmetterling heißt auf Englisch butterfly.

3a) Valentine's Day ist am 14. Februar

4b) Das Gegenteil von big ist small.

5c) Der Tag nach dem Sonntag heißt Monday.

6a) Das Subjekt in diesem Satz ist My father.

7b) Das Tier in der Zeichnung heißt auf Englisch spider.

8c) Vater wird auf Englisch father geschrieben.

9b) 4 Uhr 15 heißt auf Englisch auch a quarter past four.

10b) Das englische Wort für Raupe heißt caterpillar und hat 10 Buchstaben.

11b) Das englische Wort für Schildkröte ist tortoise.

12a) Einladen heißt auf Englisch to invite.

13a) Erdbeere wird auf Englisch strawberry geschrieben.

14c) Die Kinder in England und in den USA bekommen ihre Weihnachtsgeschenke am Morgen des 25. Dezember.

15b) Wenn es im Winter kalt wird, wird der Regen zu Schnee, und das heißt auf Englisch snow.

16a) Die Mehrzahl von Messer heißt knives.

17b) Wochentage schreibt man auf Englisch immer groß.

18c) Die Mehrzahl von Zahn heißt auf Englisch teeth.

19b) Dieses Tier heißt auf Englisch guinea pig.

20b) Der Satz muss richtig heißen: My trousers are blue.

21c) Badehose heißt auf Englisch swimming trunks.

22c) Eimer heißt auf Englisch bucket.

23b) Dieses Spielgerät heißt auf Englisch see-saw.

24a) Die Abkürzung PE steht für Physical Education und auf Deutsch ist das der Sportunterricht.

25c) Die richtige Antwort heißt: No, he isn't.

26b) Die meisten Schüler in Großbritannien tragen in der Schule eine Uniform.

27a) Das Lied geht mit dem Wort sleigh weiter.

28c) Die Mehrzahl von Kind heißt auf Englisch children.

29a) Wenn ein Mensch lächelt, ist er happy.

30c) Der Refrain des Liedes „Head and shoulders" heißt "head and shoulders, knees and toes".

31c) Der Begriff orange ist kein Gemüse, sondern ein Obst.

32b) Das abgebildete Tier heißt auf Englisch penguin.

33c) Verrückt heißt auf Englisch crazy.

34c) Das Zimmer, in dem die Kinder schlafen, ist der children's room.

35b) Das simple past von chose heißt chose.

36c) Die englische Königin wohnt im Buckingham Palace.

37c) Die Farbe der Banane heißt auf Englisch yellow.

38a) Häufigkeitsadverbien stehen gewöhnlich direkt vor dem Vollverb.

39c) Der 26. Dezember wird in England Boxing Day genannt.

40a) Father, mother, sister and brother are a family.

41c) Stundenplan heißt auf Englisch timetable.

42a) Dieses Verkehrsschild bedeutet turn right.

43b) Das United Kingdom besteht aus 4 Ländern.

44a) In ihrem Tee trinken die Engländer milk.

45a) Auf die Frage „How are you?" antwortest du mit „I'm fine".

MATHE RECHNEN

1a) Das Zeichen > heißt größer als.

2a) Der Buchstabe G steht in der Mengenlehre für die Menge der geraden Zahlen.

3b) Es sind 5 Wochen.

4c) Die Würfel zeigen 11 Augen.

5a) Dividend geteilt durch Divisor ergeben den Quotienten.

6a) 4 + 3 + 12 - 13 + 5 = 11.

7b) Auf dieser Zeichnung sind 12 Quadrate zu sehen.

8a) 92 – 73 = 19

9b) Bei der Multiplikation mit der Zahl Null ist der Wert des Produkts immer null.

10b) Es sind 1.179 Tage.

11c) Die Lösung lautet 90.

12a) Lara hat 9 Äpfel und Marie hat 7.

13a) Ein Maßstab ist besonders wichtig für Landkarten und Stadtpläne.

14a) Für eine schriftliche Division ist ein Überschlag immer wichtig.

15b) Dieses Zeichen < heißt kleiner als.

16c) 7 + 7 = 14

17c) Die Orangen reichen 8 Tage.

18b) Ein Rechenausdruck mit Minuszeichen lautet Differenz.

19a) Beim Teilen bleibt manchmal ein Rest.

20b) Die Rechenart heißt Subtraktion.

21c) In einer Summe darf ich die Summanden in beliebiger Reihenfolge addieren.

UNSER KÖRPER

1c) Ein Mensch hat 10 Finger.

2a) Wir brauchen zum Lachen 20 Muskeln.

3b) Nahrung wird besser verdaut, wenn du sie richtig zerkaust.

4c) Der Dünndarm ist bei einem Erwachsenen 6 Meter lang.

5c) Der Herzmuskel ist ununterbrochen in Bewegung.

6a) Bei einem Erwachsenen fließen in einer Minute 5 Liter Blut durch das Herz.

7a) Dem Speisebrei wird Säure zugesetzt.

8c) Die Lunge besteht aus vielen kleinen Bläschen.

9b) Ein Kind hat 20 Milchzähne.

10a) Der Bizeps ist ein Beugemuskel.

11b) Wir nehmen Sauerstoff auf.

12b) Bei Nasenbluten den Kopf nach vorne beugen und kühlen.

13a) Du darfst nicht oft Zucker essen.

14c) Eine Regenjacke hält dich bei Regen trocken.

15a) Kohlenhydrate und Fette geben dem Körper Energie.

16b) Der Mensch hat zwei Nieren.

17c) Bevor du in die Schule gehst, sollst du gut frühstücken.

18a) Kinder kommen normalerweise im Alter von 10 bis 12 in die Pubertät.

19b) Wenn jemand eine schlimme Verletzung hat, musst du den Notruf anrufen.

20c) Die Wahrscheinlichkeit für Raucher, an Lungenkrebs zu erkranken ist 15 bis 30-mal so groß.

21a) Wenn es hell ist, ist die Pupille des Auges eng.

22c) Unser Körper hat mehr als 600 Muskeln.

23a) Die Wirbelsäule hat eine s-förmige Krümmung.

24a) Der größte Knochen in unserem Körper ist der Oberschenkelknochen.

25b) Die Notrufnummer der Feuerwehr ist 112.

26b) Unser Schultergürtel besteht aus den beiden Schulterblättern und den Schlüsselbeinen.

27c) Mit der Nase kannst du riechen.

28b) Um zu hören, braucht man ein Trommelfell.

MUSIK

1b) Der Liedtext heißt Spannenlanger Hansel, nudeldicke Dirn.

2a) Der Begriff crescendo bedeutet lauter werden.

3b) Eine Notenlinie hat 5 Zeilen.

4a) Die Zauberflöte von Wolfgang Amadeus Mozart ist eine Oper.

5b) Eine Gitarre hat 6 Saiten.

6c) Eine Arie ist ein Sologesang.

7c) Kastagnetten benutzt man in Spanien.

8a) Die Kantate „Der Schulmeister" ist von Georg Philipp Telemann.

9a) Die Melodie für die deutsche Nationalhymne schrieb Joseph Haydn.

10b) Das Lied heißt: Bruder Jakob, Bruder Jakob, schläfst du noch? Schläfst du noch? Hörst du nicht die Glocken?

11a) Kontraste sind ein wichtiges Gestaltungsmittel in der Musik.

12c) Die Trompete ist kein Streichinstrument.

13c) Es gibt keine Drittelnoten.

14a) Ein Tanz aus dem 17. Jahrhundert ist das Menuett.

15b) Ein Sinfonieorchester hat bis zu 150 Musiker.

16c) Die Blockflöte ist ein Blasinstrument.

17b) Der in der Musik häufig verwandte Begriff piano bedeutet leise.

18c) Beim Cembalo werden die Saiten angezupft.

19c) Ein Dudelsack kommt aus Schottland.

20b) Das abgebildete Instrument heißt Triangel.

21a) Der Nussknacker ist von Tschaikowski.

22b) Eine Bassgitarre hat 4 Saiten.

23c) Der Musiker, der am Ende seines Lebens taub war, hieß Beethoven.

24c) Johann Sebastian Bach wurde in Eisenach geboren.

25b) Papageno ist von Beruf Vogelfänger.

26b) Ein Streichquartett besteht aus zwei Violinen, einer Bratsche und einem Cello.

RELIGION

1b) Der Mann, der seine Familie und viele Tiere auf eine Arche gebracht hat, heißt Noah.

2b) Der Israelit David gewann den Kampf gegen Goliath.

3a) Mohammed wurde in Mekka geboren.

LÖSUNGEN

4a) Jesus kam aus dem heutigen Israel.

5b) Der Begriff Ökumene bedeutet, dass evangelische und katholische Christen zusammen feiern.

6b) Der Papst Johannes Paul II. kam aus Polen.

7c) Jesus kam in einem Stall zur Welt.

8b) Der Menora-Leuchter hat 7 Arme.

9a) Die Heiligen Drei Könige kommen aus dem Morgenland.

10a) Es gibt 5 Weltreligionen. Hinduismus, Buddhismus, Judentum, Christentum, Islam.

11a) Jesus ist am Kreuz gestorben.

12c) Die Abkürzung A.T. steht für Altes Testament.

13a) Das Erntedankfest wird am ersten Sonntag nach dem Michaelistag (29.09.) gefeiert.

14a) Ein evangelischer Christ geht mit 14 Jahren zur Konfirmation.

15a) Der Karfreitag ist der Freitag vor Ostern.

16a) Das letzte Abendmahl fand im Garten Gethsemane statt.

17c) Der Geburtstag von Jesus ist der 24. Dezember.

18b) Der Heilige, der seinen Mantel mit einem Bettler geteilt hat, heißt St. Martin.

19a) Fronleichnam ist ein katholischer Feiertag.

20b) Das Neue Testament hat 4 Evangelien.

21c) Ein Muslim soll täglich 5-mal beten.

22a) Eine kleine Kirche ist eine Kapelle.

23c) Die Geburtsstätte Jesu ist in Bethlehem.

24b) Der Tag des Herrn ist für die Christen der Sonntag.

HEIMATKUNDE

1b) Die Hauptstadt der Bundesrepublik Deutschland heißt Berlin.

2c) Ein Bauernhof befindet sich meistens auf dem Land.

3c) Deutschland hat 16 Bundesländer.

4a) In Deutschland wachsen keine Bananen.

5a) Der Main fließt in den Rhein.

6b) Das Wappen gehört zum Bundesland Hamburg.

7a) Ein großer Fluss in Deutschland heißt Rhein.

8a) Deutschland hat mit 9 Nachbarländern eine Grenze.

9b) Wenn du mit deinen Eltern im Auto fährst, musst du dich immer anschnallen.

10c) Die Europäische Union hat 27 Mitgliedsländer.

11a) In der Mitte eines Dorfes gibt es meistens einen Dorfplatz.

12c) Die Johannisbeere wächst an einem Strauch.

13a) Die Europäische Union hat 23 Amts- und Arbeitssprachen.

14a) Es liegt in Europa.

15a) Die Hauptstadt von Baden-Württemberg heißt Stuttgart.

16b) Es gibt 2 Bundesländer. Berlin und Hamburg. Bremen besteht aus Bremen und Bremerhaven.

17c) Die Hauptstadt von Mecklenburg-Vorpommern heißt Schwerin.

18b) Der Spessart ist ein Mittelgebirge.

DEUTSCH – LESEN

1b) Die Tante von Tom Sawyer heißt Tante Polly.

2b) Schneewittchen lebt mit 7 Zwergen zusammen.

3c) Der Vater von Ronja Räubertochter heißt Mattis.

4a) Der kleine Hobbit lebt in einer Höhle.

5c) Pippi Langstrumpf wohnt in der Villa Kunterbunt.

6b) Lilly ist in dem Buch „Lilly und Flosse" eine Nixe.

7c) Der Buchtitel heißt vollständig „Als Hitler das rosa Kaninchen stahl".

8c) Der Buchtitel heißt richtig Pippi im Taka-Tuka-Land.

9b) In den Harry-Potter-Romanen transportiert eine Eule die Post.

10a) Der richtige Name von Pünktchen im Roman „Pünktchen und Anton" ist Luise.

11a) Der Vater von Meggie in „Tintenherz" ist Buchbinder von Beruf.

12a) Die Buchreihe „Hanni und Nanni" schrieb Enid Blyton.

13b) Das kleine Gespenst schläft in einer Truhe aus Eichenholz.

14a) Eine berühmte Krimibuchserie für Kinder heißt „Die drei ???".

15a) Der Freund der „kleinen Hexe" ist ein Rabe.

16a) Wilhelm Hauff schrieb die Märchengeschichte „Die Geschichte vom kleinen Muck".

17a) „Die Bremer Stadtmusikanten" sind Esel, Hund, Katze und Hahn.

18b) Die normalen Menschen heißen Muggel.

19a) Harry Potter gehört zu Gryffindor.

20b) Das Gleis 9¾ aus den Harry-Potter-Romanen ist in Kings Cross.

21a) Schneewittchen verschluckte sich an einem Apfel, bevor sie in ihren langen Schlaf fiel.

22b) Der Spruch in dem Märchen heißt:
Ach wie gut, dass niemand weiß, dass ich Rumpelstilzchen heiß.

Mathe Textaufgaben

1c) Die beiden haben zusammen 5 Tiere.

2b) Der Gewinn des Händlers war 141,60 Euro.

3c) Frau Kunze benötigt zum Bezahlen der Rechnung einen 500-Euro-Schein.

4c) Es sind 5 Geschwister.

5a) Die beiden haben zusammen 22 Äpfel und Bananen.

6c) Er kann noch 51.910 Liter Wein nach Schweden verkaufen.

7b) Der Kontostand ist jetzt 425 Euro.

8b) Es kommen jeweils 16 Stangen in eine Hülle.

9c) Herr Meier muss insgesamt 446 Euro zahlen.

10c) Frau Müller stehen noch 152 Euro zur Verfügung.

11c) Fritz und Franz haben 5 Buntstifte zusammen.

12a) Die Schule hat insgesamt 163 Schüler.

13b) Das ist die Zahl 6.

14a) Frau Schnell hat noch 5 Liter Benzin im Tank.

15b) Anni ist 3 Jahre alt, ihr Vater 27 Jahre alt.

16a) Lukas hat 55 Tage Sommerferien.

17c) Das Angebot 3 ist am günstigsten.

18b) Ein Satellit umrundet die Erde 16-mal an einem Tag.

TIERE

1b) Eine Ameise hat sechs Beine.

2b) Ein Kaninchen bekommt 5- bis 6-mal im Jahr Junge.

3c) Eichhörnchenjunge verlassen das Nest nach 8 Wochen.

4b) Der Storch heißt in Fabeln Adebar.

5b) Kaninchen gehören zu den Nesthockern.

6b) Das Rind gehört zu den Pflanzenfressern.

7b) Die jungen Weibchen der Feldmaus können sich nach 13 Tagen fortpflanzen.

8a) Kaninchen haben nach der Geburt kein Fell und sind blind.

9a) Ein Hausschwein gebiert 2-mal jährlich 6–12 Ferkel.

10a) Das Eichhörnchenweibchen bringt seine Jungen im März zur Welt.

11b) Die Forscherin Jane Goodall hat jahrelang Schimpansen beobachtet.

12c) Eine Katze ist kein Hetzjäger.

13b) Der natürliche Feind der Erdkröte ist der Igel.

14b) Das Weibchen des Wildschweins heißt Bache.

15a) Die Tiere, die keine Wirbelsäule besitzen, heißen Wirbellose.

16c) Dieser Vogel heißt Wiedehopf.

17c) Die Feldmaus bringt ihre Jungen in einem Nest unter der Erde zur Welt.

18a) Eine Fledermaus stößt Ultraschallrufe aus, wenn sie nachts auf Beuteflug ist.

UNSER WELTALL

1a) Die Erde dreht sich ein Mal am Tag um die eigene Achse.

2a) Der erste Mann, der den Mond betrat, hieß Neil Armstrong.

3b) Die beiden Planeten Saturn und Jupiter besitzen ein Ringsystem.

4c) Es gibt 8 Planeten. Pluto wurde 2006 der Planetenstatus aberkannt und er ist seitdem ein Zwergplanet, deswegen sind es nur noch 8 Planeten.

5b) Es gibt 12 Sternbilder.

6c) Die Erde dreht sich ein Mal im Jahr um die Sonne.

7b) Der Jupiter ist der größte Planet.

8a) Ein Lichtstrahl braucht 11,87 Erdtage, um von der Sonne zum Planeten Jupiter zu gelangen.

9b) Der Mars wird auch der Rote Planet genannt.

10a) Die Erde wird auch der Blaue Planet genannt.

11a) Der Astronom Johannes Kepler lebte von 1571 bis 1630.

12c) Der Neptun ist am weitesten von der Sonne entfernt.

13a) Die Milchstraße ist eine Spiralgalaxie.

14c) Die Languste ist kein Sternbild.

15c) Die Milchstraße enthält ca. 100 Milliarden Sterne.

16b) Ein anderer Begriff für „Weltall" lautet Universum.

17b) Die Erde ist 150 Millionen km von der Sonne entfernt.

18a) Der Durchmesser der Sonne beträgt 1.392.000 km.

DIE BEWERTUNGSSKALA

So errechnen Sie Ihr Testergebnis:

Multiplizieren Sie alle richtig beantworteten Fragen mit der jeweiligen, nebenan ausgewiesenen Punktzahl entsprechend der Klassenstufe. Dann zählen Sie Ihr Endergebnis zusammen und lesen die Bewertung zu Ihrer Punktzahl.

1. Klasse richtig = 1 Punkt
   maximale Punktzahl = 50
2. Klasse richtig = 2 Punkte
   maximale Punktzahl = 126
3. Klasse richtig = 3 Punkte
   maximale Punktzahl = 198
4. Klasse richtig = 4 Punkte
   maximale Punktzahl = 208
5. Klasse richtig = 5 Punkte
   maximale Punktzahl = 280

Gesamtpunktzahl aller Fragen: 862

Ihr Testergebnis:

761–862 Punkte = Note sehr gut

Musterschüler

Sie konnten alle Fragen aus allen Fachgebieten ohne langes Nachdenken beantworten. Sie haben Ihr exzellentes Schulwissen hier eindrucksvoll unter Beweis gestellt.
Sie sind der Primus und auf jeden Fall der Liebling aller Lehrer. Nichts ist Ihnen zu schwer oder zu leicht. Weiter so! Sie sind der Klassenbeste.

540–760 Punkte = Note gut

Klassenzweiter

Na, das ist doch ein gutes Ergebnis. Sie können wirklich zufrieden sein, denn viele Fragen aus dem heutigen Schulalltag haben Sie richtig beantwortet.

Und Hand aufs Herz – manchmal sind die Fragen ganz schön verzwickt. Aber Sie haben sich grandios geschlagen. Sie sind zwar der ewige Zweite, aber dafür auch bei den Mitschülern beliebt, denn bei Ihnen darf man auch mal abgucken.

340–539 Punkte = Note befriedigend

Mittelstand

Bei der einen oder anderen Frage hat es ein bisschen gehapert, was auch kein Wunder ist, schließlich haben Sie schon viele Jahre keine Schule mehr von innen gesehen. Ihr Ergebnis ist noch ganz passabel und solange Sie sich wie bisher geschickt durchs Leben schlängeln, wird auch alles so bleiben.

220–339 Punkte = Note ausreichend

DurchKommer

Das ging ja gerade noch mal gut. Es ist Ihnen gelungen, die Schäfchen in letzter Minute ins Trockene zu holen. Vielleicht würde es sich anbieten, die eine oder andere Wissenslücke durch gezieltes Lesen dieses Buches zu schließen.
Aber Sie haben die Gabe, immer gerade noch so durchzurutschen, das ist Ihnen aus anderen Lebensbereichen bekannt und hat bis jetzt immer gut geklappt.

0–219 Punkte = Note mangelhaft

Sitzenbleiber

Das hat leider nicht ausgereicht. Bei dieser Punktzahl bleibt man auch in der Grundschule sitzen und kann auf keinen Fall aufs Gymnasium überwechseln. Dafür können Sie bestimmt gute Partys schmeißen und wissen, wo es das beste Restaurant in der Stadt gibt. Seien Sie nicht traurig und gehen Sie doch die Fragen einfach noch mal durch.
Denn eins ist ganz klar: Übung macht den Meister.